Un chapuzón en la historia

Vamos tras los pasos de mujeres reales. Esta vez seguimos la huella de una heroína de las luchas de la liberación de América Latina. Juana Azurduy es nuestra antiprincesa del Alto Perú, o nuestra princesa guerrera, tal vez...

Nos metemos en la Historia, así, con mayúsculas... ¿Y qué nos pasó al transformarnos en historiadores e historiadoras? Que descubrimos que los relatos se pueden armar de muchas maneras: hay quienes crean una novela, donde se mezclan datos reales con otros imaginarios, o que se fueron pasando de boca en boca; hay quienes revisan los documentos con mucha paciencia y salen a contar sólo lo que pueden comprobar...

Así, aprendimos que su apellido se transforma durante el tiempo y es Asurdui, Asurduy y Azurduy, como la conocemos hoy. También que la fecha de nacimiento no se sabe con precisión y que algunos datos no son exactos como se creyó durante años.

¿Y qué decidimos hacer? Elegir nuestra manera de contar la historia de una mujer extraordinaria, que luchó a la par de otras y otros por liberar a su país y a su pueblo. Habrá otras formas de contarla, ya podrán ustedes transformarse en historiadoras e historiadores. Esta es la nuestra: abramos la puertita del pasado, para que entre Juana...

ISBN 978-0-9973280-3-5
© Mayo 2019
La presente edición ha sido realizada por convenio
con Editorial Chirimbote para Books del Sur (USA).
Queda hecho el depósito que marca la Ley 11.723 (Argentina)
Impreso en USA

Juana Azurduy para niñxs
Por Nadia Fink.
Ilustraciones: Pitu Saá.
Diseño: Martín Azcurra

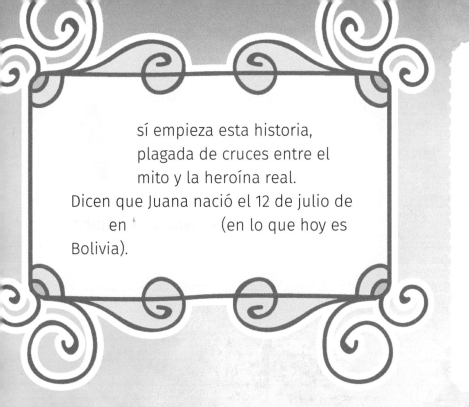

sí empieza esta historia, plagada de cruces entre el mito y la heroína real.
Dicen que Juana nació el 12 de julio de   en   (en lo que hoy es Bolivia).

Cuentan, también, que durante su infancia Juana acompañaba a su padre en las tareas del campo, y que compartía juegos con los hijos de los indios y campesinos. ¿Habrá visto de cerca las injusticias a las que eran sometidos: obligados a trabajar en las minas, despojados de sus tierras? Mientras aprendía a galopar cada vez más fuerte, bebiéndose el viento, cada injusticia se iba acumulando en sus ojos y en su pensamiento.

C uentan que cuando tenía 17 años ingresó al Convento Santa Teresa, donde las mujeres se quedaban para convertirse en monjas o bien iban a estudiar dentro de los muros. Dicen que sólo siete meses duró allí, hasta que la expulsaron, pero en ese tiempo trató de leer todo lo que tenía a mano en esas grandes bibliotecas. Así descubrió la historia de **Túpac Amaru II** y sus luchas por la libertad de los indios. Y descubrió también que su mujer, **Micaela Bastidas**, había peleado junto a él...

¡Entonces no siempre las mujeres de la historia tuvieron un papel secundario!

Cuando tenía 19 años, en mayo de 1799, Juana se casó con **Manuel Asencio Padilla**. ¿Cómo habrá conocido a este joven labrador? Lo cierto es que a él también le molestaban las injusticias y que juntos pelearon en muchas batallas para lograr la independencia.

¿Y por qué peleaba?

FAMOSO SABLE PREGUNTÓN DE JUANA.

Por entonces, el **Virreinato del Río de la Plata** abarcaba (entre otros países) lo que hoy son la Argentina y Bolivia. Los pueblos de América del Sur eran **colonias** de España: allí había reyes que dirigían desde lejos los destinos de la gente y se llevaban lo que producían acá.

Colonias: Pueblos dominados por otro país

Un 25 de mayo de 1809 en Chuquisaca, y justo un año después, en Buenos Aires, empezaron a pensar que ya no querían depender de España.

Pero, claro, España no quería soltar esas tierras, y por eso enviaba ejércitos y buscaba grupos de personas que querían seguir defendiendo el reinado europeo... Esas eran las tropas **"realistas"**, que estaban bien armadas y entrenadas.

Contra estos ejércitos realistas empezaron a surgir las guerrillas: batallones compuestos por criollos, mestizos, cholas e indígenas. Juana y Manuel fueron, además de esposos, **compañeros de lucha**. Su amor era entre él y ella, sí, pero también por algo más grande: por el bien de muchas y muchos más.

No sabemos si fue su primera batalla, pero sí que la de Ayohuma, en 1813, es la que más se menciona en los libros.

Desde Buenos Aires y hacia Charcas llegaba la expedición comandada por **Manuel Belgrano** (quien es recordado por crear la bandera argentina). Juana y Manuel le ofrecieron su amistad, porque escuchaba a los pueblos y a las y los habitantes del Alto Perú.

Así dicen:

"Entonces surge en la escena, causando general sorpresa, una hermosa y denodada mujer, con una legión de independientes: ¡Era Doña Juana Azurduy de Padilla! Pasiones cívicas, entusiasmo épico, pensamientos redentores, le animaban al sacrificio de la lucha".

¡Ese soy yo!

Y cuando Belgrano se enteró de la participación tan valiente de Juana, a pesar de que habían perdido, sintió alegría y vio una luz de esperanza en medio de tantos combates. Fue una de esas noches de cansancio luego de alguna batalla dura, o tal vez una de esas mañanas en las que el sol alumbraba un nuevo día y las fuerzas volvían otra vez, cuando Belgrano le regaló su **sable** a esa mujer que contagiaba valentía.

uana se preguntó qué habría sido de su vida si no hubiera salido a luchar por la Independencia. Si se hubiera quedado en su casa cumpliendo las tareas de las mujeres de esa época... Tal vez hubiera cerrado las puertas de su casa para no escuchar lo que pasaba afuera.

¡Ay, ay, ay! Pero Juana no quería quedarse quieta... quería luchar por un país mejor, no tanto por ella, sino por los hombres y las mujeres del futuro, sus hijas e hijos, los indios, las cholas, y los más pobres.

Y menos mal que no se quedó en su casa, porque un día tuvo que ir a rescatar a su esposo, que había caído preso de unos españoles con fama de malísimos...

¿Pero cómo? ¿No eran los caballeros los que rescataban a las princesas?

¡Parece que no! En este caso, Juana y el poeta **Hualparrimachi** montaron sus caballos y salieron en busca de Manuel. Por el apuro, no habían podido avisarles a más compañeros y los realistas eran como veinte... Entonces, se les ocurrió una idea: comenzaron a sacudir unas plantas enormes que producían un ruido parecido a los cascos de los caballos. Los realistas pensaron que los atacaba una tropilla completa...

¡Qué susto se pegaron! ¡No les daban las patas para salir rajando!

Así fue como el prisionero quedó solo y pudieron rescatarlo.

Los Húsares tuvieron su debut en marzo de 1814. El escuadrón que comandaba Juana estaba compuesto por hombres y mujeres. Después de una ardua batalla, los realistas huyeron y se refugiaron en **Tarvita**, más precisamente, en la casa del cura del pueblo.

Estaban bien resguardados: además de estar tras las paredes de la casa, habían levantado barricadas con troncos y adobe. Era imposible acercarse porque desde donde estaban le disparaban a todo lo que se movía. Entonces, en ese momento, Manuel (que por algo se había ganado la fama de valiente) les pidió que tiraran tiros e hicieran ruido mientras él hacía algo...

Pero, ¿qué iba a hacer?

Así fue que Juana, Hualparrimachi y el resto hacían todo el ruido posible mientras, sobre el techo de la casa, lo veían trepar con el fusil al hombro. Las balas picaban cerca pero Manuel Padilla seguía con su tarea... Incendió una canasta con ajíes y la tiró por un agujero hacia el interior de la casa. Al estar cerradas puertas y ventanas (y el agujero, bien tapadito), el olor y el humo que largaban los ajíes eran insoportables... Fue así que los realistas tuvieron que salir corriendo y rendirse sin remedio ante un ejército inferior y mucho menos armado.

Asalto a Chuquisaca

n 1816 la fama de Juana se extendía de norte a sur por la valentía y seguridad con la que comandaba a las tropas y enfrentaba cada batalla. Durante los once días que duró el asalto a la ciudad de Chuquisaca, las tropas realistas resistían con trincheras y cañones que apuntaban a la entrada de la ciudad.

Algunos textos recuerdan:

"Lo que más llamaba la atención a los realistas era una mujer gallarda y de gentil presencia que montaba un brioso caballo, recorriendo las calles armada de pistolas y espada; parecía el jefe de las turbas invasoras, las que la seguían con un entusiasmo atronador y delirante; con indiferencia desafiaba la muerte, avanzando hasta cerca de las bocas de los cañones".

Trincheras:
Pozos que hacían los soldados para protegerse del enemigo

s posible que ese mismo año Juana pariera a la pequeña Luisa, la quinta de sus hijos e hijas, en un alto en la batalla. Las aguas del río recibieron a la beba. Pero no hubo tiempo para ceremonias porque los realistas atacaban de nuevo.

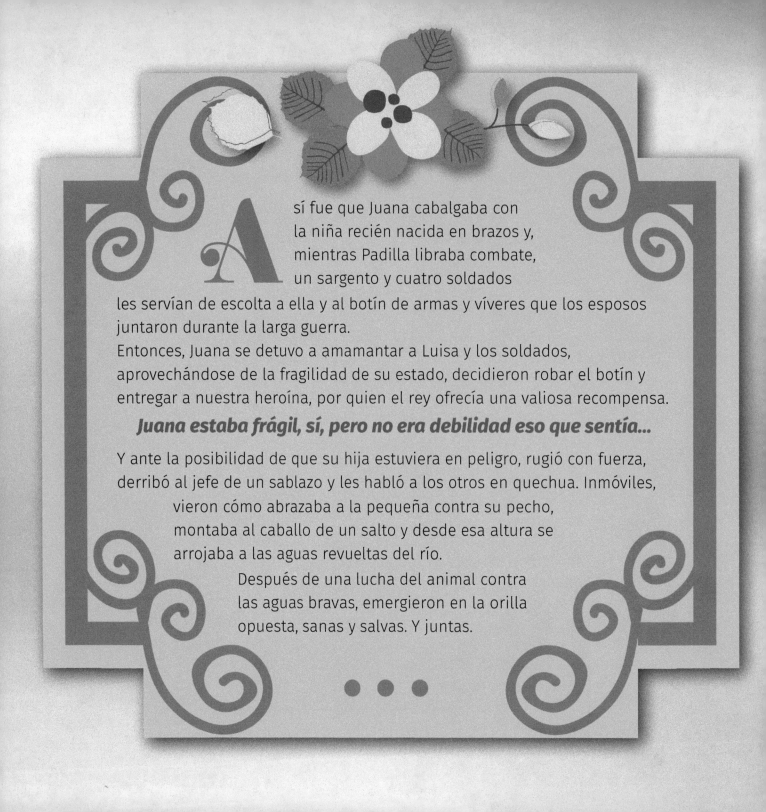

Así fue que Juana cabalgaba con la niña recién nacida en brazos y, mientras Padilla libraba combate, un sargento y cuatro soldados les servían de escolta a ella y al botín de armas y víveres que los esposos juntaron durante la larga guerra.

Entonces, Juana se detuvo a amamantar a Luisa y los soldados, aprovechándose de la fragilidad de su estado, decidieron robar el botín y entregar a nuestra heroína, por quien el rey ofrecía una valiosa recompensa.

Juana estaba frágil, sí, pero no era debilidad eso que sentía...

Y ante la posibilidad de que su hija estuviera en peligro, rugió con fuerza, derribó al jefe de un sablazo y les habló a los otros en quechua. Inmóviles, vieron cómo abrazaba a la pequeña contra su pecho, montaba al caballo de un salto y desde esa altura se arrojaba a las aguas revueltas del río.

Después de una lucha del animal contra las aguas bravas, emergieron en la orilla opuesta, sanas y salvas. Y juntas.

• • •

ero fue en "El Villar" donde Juana logró una hazaña que quedó registrada para la posteridad. Y fue con su ejército, que constaba de una guardia de **amazonas**, 30 fusileros criollos y 200 indígenas armados con hondas y garrotes. La batalla era dura y, en plena lucha cuerpo a cuerpo, hirió a un contrincante y le arrebató la **bandera realista** de las manos. Con el trofeo de guerra alzado galopaba doña Juana ante la mirada de sus compañeros y compañeras.

Amazonas

Grupo de guerreras indígenas que peleaban por la libertad de su pueblo.

Estas Amazonas son unas antiprincesas

El estandarte llegó a Belgrano, quien lo envió a Buenos Aires con unas líneas:

"Me consta que ella misma arrancó de manos del abanderado ese signo de la **tiranía**, a esfuerzo de su valor y de sus conocimientos en la milicia, poco comunes en las personas de su sexo".

Tiranía:
Igual que una Dictadura. Cuando alguien gobierna imponiendo sus ideas por la fuerza.

e vuelta llegó una carta, firmada el 13 de agosto de 1816, en la que el gobierno de Buenos Aires la condecoraba con el cargo de **Teniente Coronel** por *"la gratitud y consideraciones que han merecido al Gobierno sus servicios igualmente que a los demás patriotas que la acompañan".*

Pero ni siquiera pudo celebrar el nombramiento porque en ese tumultoso año de 1816 Juana había perdido a Manuel Padilla en el medio de una batalla. Fue también en **"El Villar"**: cuentan que las y los combatientes peleaban en una lucha desigual, y emprendieron su retirada. Juana estaba herida, un par de amazonas habían quedado rezagadas y los realistas las estaban alcanzando...

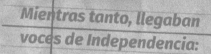

Pero entonces **Manuel Padilla** volvió al galope sobre sus pasos para interponerse. En esa pelea de dos contra muchos, Padilla recibió un tiro y cayó herido de muerte. En la tierra quedó el gran amor de Juana, el **compañero de lucha**, el padre de sus hijos e hijas... Una parte de Juana, también, se quedaba con él.

¿Qué pasó con Juana entonces? Luego de la muerte de Padilla, partió hacia Salta, donde otro caudillo daba batalla: **Martín Miguel de Güemes**. Un caudillo que era despreciado por los líderes de Buenos Aires, como a otros de las provincias, y que combatía con sus montoneras de gauchos. Hacia allá fue Juana a sumarse a sus tropas para seguir luchando desde lejos.

Mientras tanto, llegaban voces de Independencia:

Las *Provincias Unidas del Río de la Plata* eran **libres de España**, y el gobierno de Buenos Aires, entonces, les soltó la mano a los libertadores del Alto Perú: debían seguir una lucha solitaria...

Luego de 8 años, emprendió el retorno a su país, cuando en 1825 había logrado ¡por fin! la independencia de España. Tal vez, otra vez en su tierra, a Juana le hayan resonado las palabras que escribió Manuel:

"En habiendo unión, habrá Patria".

¿Qué hace una mujer acostumbrada a la batalla cotidiana?
¿A la lucha cuerpo a cuerpo donde se mata o se muere?
¿Cómo regresar a una vida tranquila, de hogar?

¿Y qué hizo cuando regresó?

Dicen que Juana murió de viejita, en la misma casa en la que vivió junto a su hija Luisa, su nieta y un niño que tuvo a su cargo. Su entierro fue humilde, sin los honores que hubiera merecido una heroína. Tal vez porque se fue a morir un 25 de mayo, justo el día en que se recordaba aquel de 1809 como eco de la independencia. Tal vez, más allá de los pocos honores, justo eligió irse ese día para mostrar que la libertad fue la lucha más importante y hermosa de su vida.

A investigar

Al principio contábamos que nos transformamos en historiadoras e historiadores para conconocer la vida de Juana... ¿quieres serlo tú también?

Las figuras se construyen a partir de varias fuentes: testimonios directos o indirectos, fotos que hablan por sí mismas, documentos, etc., que van formando un "mito", una historia que cuenta parte de la verdad y otra parte que no se puede comprobar. Te proponemos investigar la vida de una persona muy viejita (familiar o del barrio) a partir de pruebas y testimonios:

¿Qué documentación existe?

Buscar fotos antiguas o sacar fotos nuevas, partida de nacimiento, documento de identidad, diarios de la época, cuadernos de la escuela, diario íntimo, etc.

¿Qué se dice de él o ella?

Recolectar anécdotas en una libreta de detective. Para eso hay que pensar bien las preguntas que les vamos a hacer... ¿Todos y todas cuentan lo mismo sobre esa persona?

Ahora sí... ¿te animas a escribir tu propia historia sobre el personaje que elegiste?

Ser como ellas

Conocemos muchos héroes patrios y, en los actos escolares, o cuando representamos algún combate, quienes participan. son en su mayoría los que hacen de soldados o capitanes (casi siempre varones)

¿Y si hacemos un traje para **disfrazarnos de Juana**? Como las mujeres no podían participar de los ejércitos (recordemos que tuvieron que pedir una autorización para nombrarla "Teniente Coronel"), Juana luchaba con una pollera blanca, una chaqueta roja, botas oscuras, un sable, ¡y hasta de vez en cuando escondía un trabuco bajo las polleras!

¿Y las **amazonas**? ¿Cómo se habrán vestido? ¿Lo buscamos?

¿Y si armamos nuestra propia **Liga de Antiprincesas**? Muchas mujeres anónimas lucharon por la libertad y la independencia de nuestra patria... mencionamos amazonas y cholas, pero también hubo algunos ejemplos que tenés en la página siguiente...

¿Y el **sable o espada**? A revolver cartones viejos, cartulinas, papeles plateados... *¡¡Todo sirve para transformarnos en tenientes coronelas!!*

¿Qué nos dicen los libros de las luchas por la independencia sobre las mujeres? Ellas cosían banderas y preparaban el té, mientras los hombres hacían planes de guerra.

La Liga de las **ANTIPRINCESAS**

¡Acá algunas de las tantas mujeres que lucharon por un mundo mejor!

Pero hubo muchas mujeres valientes que pelearon a la par de los hombres por un futuro mejor. La historia se olvidó de un montón, pero a otras las conocemos...

MICAELA BASTIDAS

Perú, 1744. Compañera de Túpac Amaru II. Luchó por la liberación de su pueblo.

BARTOLINA SISA

Bolivia, 1753. Compañera de Túpac Katari. Luchó por la liberación de su pueblo.

VICTORIA ROMERO

Argentina, 1804. Compañera del Chacho Peñaloza. Luchó contra los Unitarios.

MARTINA CHAPANAY

Argentina, 1800. Luchó junto a los Federales contra los Unitarios.

MARÍA REMEDIOS DEL VALLE

Argentina, 1766. "La madre de la Patria". Luchó junto a Belgrano.

CPSIA information can be obtained
at www.ICGtesting.com
Printed in the USA
BVHW020459151022
649513BV00004B/76

9 780997 328035